AF245339

VIE

DE

LOUIS-PHILIPPE Ier

ROI DES FRANÇAIS.

DEUXIÈME TIRAGE,

BIBLIOTHEQUE ROYALE

PÉRIERS,

BLOT, LIBRAIRE.

JUIN 1834.

IMPRIMERIE D'AMÉDÉE GRATIOT ET Ce,
11, Rue de la Monnaie.

VIE
DE
LOUIS-PHILIPPE Ier,
ROI DES FRANÇAIS.

PREMIÈRE PARTIE.

DEPUIS SA NAISSANCE JUSQU'A SON AVÉNEMENT AU TRÔNE.

Louis-Philippe d'Orléans est né au Palais-Royal, à Paris, l'an 1773, le 6 octobre. Son grand-père vivant encore avec le titre de duc d'Orléans, son père portait celui de duc de Chartres ; lui-même reçut celui de duc de Valois. Il eut bientôt deux frères, le duc de Montpensier et le duc de Beaujolais, et une sœur, *Mademoiselle* d'Orléans. L'éducation de tous les fils du duc de Chartres fut confiée à Mme la comtesse de Genlis, devenue célèbre par ses écrits. Elle voulut qu'ils fussent habitués de bonne heure à tous les exercices propres à développer les forces corporelles, la course, l'équitation, la natation. Louis-Philippe surtout s'y distingua bientôt. Pour leur donner une idée exacte de toutes les connaissances utiles, elle leur fit visiter souvent et examiner en détail les ateliers, les manufactures, les établissements d'industrie. Louis-Philippe apprit ainsi de bonne heure à connaître l'utilité et les besoins de la classe ouvrière. Les arts mécaniques ne furent pas les seuls auxquels il ne voulut point rester étranger. Tous les matins il allait assister aux pansements de l'Hôtel-Dieu : il y étudiait la chirurgie avec application, saignait lui-même les malades, et apprenait à sa sœur à les panser.

Ces occupations utiles ne l'empêchèrent pas de se livrer aux études qui font ordinairement l'objet de l'occupation des autres princes. Il apprenait les langues : pour les lui rendre plus familières, madame de Genlis avait établi qu'on ne parlerait qu'en anglais au dîner, qu'en italien au souper, et, comme les jeunes princes montraient beaucoup de goût pour la botanique, on leur donna, pour les instruire, un jardinier allemand qui ne connaissait pas d'autre langue que la sienne. Aussi, grâce à cet ingénieux enseignement, Louis-Philippe a-t-il pu tour-à-tour dans ses voyages s'exprimer avec facilité dans la langue des pays qu'il a parcourus. Soit que ce fût un effet de l'instruction variée qu'il avait reçue, soit qu'on en doive surtout faire honneur aux dispositions naturelles du prince, Louis-Philippe montra de bonne heure un esprit juste et des sentiments généreux. C'est lui qui, dans un des voyages entrepris en France pour compléter son éducation, fit détruire sous ses yeux au mont Saint-Michel un monument odieux de la tyrannie de Louis XIV. C'était une cage de fer où ce monarque avait fait enfermer jusqu'à la fin de sa vie un gazetier hollandais, pour le punir de l'avoir attaqué dans son journal. Louis-Philippe voulut y porter lui-même le premier coup de hache, annonçant d'avance un prince dont la vie n'aurait rien à redouter de la liberté de la presse. De pareils sentiments n'étaient pas pour le mettre en faveur à la cour de Louis XVI; aussi l'en punit-on en retardant pour lui d'une année le droit de porter le cordon bleu, décoration ordinaire des princes du sang.

Lorsque la révolution éclata, Louis-Philippe, alors devenu duc de Chartres, n'avait encore que seize ans. Il comprit la nécessité d'une réforme et ne se rangea jamais du côté de la cour en faveur des abus; mais sa position et son caractère lui défendaient également d'approuver les excès dont la révolution se rendit coupable, et il suivit dès lors une ligne de modération sage entre le despotisme et l'anarchie. Colonel du 14me dragons, il en remplit les devoirs avec distinction, et loin d'aller combattre dans les rangs de nos ennemis ou de les appeler secrètement de ses vœux, il se fit remarquer dans les troupes par son patriotisme.

On cite de lui deux traits qui se rapportent à cette époque et font le plus bel éloge de son cœur et de son courage.

Il était à Vendôme en garnison : deux prêtres, qui n'avaient point voulu prêter le serment exigé par la constitution, poursuivis par un peuple furieux, allaient être massacrés dans la rue. Déjà un de leurs assassins les couchait en joue de son fusil. Le duc de Chartres se plaça devant eux au risque de sa vie, et ramena, par ses conseils, la multitude égarée.

Peu de temps après, il venait de se baigner dans le Loir, lorsqu'il vit un malheureux se débattre avec peine contre le courant. Il se jeta à la nage et lui sauva la vie : c'était un père de famille, qui vint le lendemain le remercier avec ses cinq enfants.

La municipalité de Vendôme a consacré cette belle action en décernant alors au duc de Chartres une *couronne civique*, que ses enfants gardent encore aujourd'hui comme un de leurs plus beaux titres de noblesse.

Le 7 mai 1792, le duc de Chartres fut nommé maréchal-de-camp, le même jour que Berthier, depuis duc de Wagram, et rejoignit en cette qualité l'armée du Nord, commandée par Lukner. Lukner mena les troupes sur Courtray, dont on se rendit maître après un feu meurtrier. Le duc de Chartres, que l'on nommait alors le général Philippe, fut élevé au grade de lieutenant-général. On lui offrit le commandement de Strasbourg. « Je suis trop « jeune, répondit-il, pour m'enfermer dans « une place forte; je demande à faire toujours « partie de l'armée active. » Il y resta, en effet, et ne tarda pas à trouver une occasion de s'y distinguer.

Dumouriez avait pris le commandement

de l'armée de Sedan : forcé de se replier dans la Champagne devant les troupes du duc de Brunswick, il voulut opérer sa jonction avec celles de Kellermann. La deuxième ligne de ce corps d'armée était sous les ordres du duc de Chartres, placée sur la crête de la colline de Valmy, au poste le plus important de la bataille. Au moment où il y arrivait pour occuper les moulins qui dominent la hauteur, une colonne prussienne venait s'en emparer ; il la culbuta et défendit contre les ennemis, pendant toute la journée, sa position. On évalue à plus de quarante mille le nombre des coups de canon tirés dans cette journée de part et d'autre. Le sang-froid et l'intrépidité du duc de Chartres et de son frère le duc de Montpensier leur méritèrent un rapport particulier du général, qui fut publié dans le *Moniteur*, et que nous reproduisons ici :

« Du quartier-général de Dampierre-sur-
« Aube, le 21 septembre 1792, à neuf heures
« du soir.

« Embarrassé du choix, je ne citerai parmi

« ceux qui ont montré un grand courage que « *M. de Chartres* et son aide-de-camp, M. de « Montpensier, dont l'extrême jeunesse rend « le sang-froid à l'un des feux les plus vigou« reux qu'on puisse voir, extrêmement remar« quable. »

C'est à cette action que faisait allusion Louis-Philippe, alors duc d'Orléans, au sacre de Charles X dans la ville de Reims. » Nous nous « sommes vus autrefois dans ces mêmes plaines, « lui disait celui-ci, passant en Champagne. — « Oui, sire, lui répondit le duc d'Orléans, « mais ce n'était pas sous les mêmes dra« peaux. »

Après la bataille de Valmy, le duc de Chartres passa dans l'armée du général Dumouriez, destinée à entrer en Belgique. Bientôt il eut à soutenir, avec son corps, l'avant-garde du général en chef, engagée dans une attaque un peu imprudente. Il marcha contre les Autrichiens et emporta le moulin de Boussu avec la batterie qui le défendait (3 novembre 1792).

Le surlendemain il fallut déloger l'ennemi, retranché derrière les hauteurs de Jemmapes, sur une colline garnie de redoutes et de batteries, et défendue par des abattis d'arbres (5 novembre 1792). Le duc de Chartres, qui commandait le centre, rompit la division en colonnes de bataillons et marcha sur le bois qui couvrait le centre des Autrichiens. Il laissa en réserve six bataillons, mena les dix-huit autres à l'infanterie autrichienne qu'il culbuta, traversa le bois et arriva sur le plateau. Là, l'ennemi, soutenu par l'artillerie des redoutes qui tiraient à mitraille, fit un tel ravage dans la tête des colonnes que la division entière rentra dans le bois en désordre. Elle avait vu tomber le colonel du 104me, le général Drouet, deux autres colonels adjudants-généraux. Le duc de Chartres sentit le danger; il adressa à ses soldats des paroles énergiques, il en appela à l'honneur français, les rallia et les ramena à la charge avec les six bataillons de réserve. Jaloux de venger leur première surprise, ils courent à sa suite, la baïonnette en avant, au travers de ces re doutes qui leur envoyaient la mort, s'emparent de l'artillerie, terrassent l'infanterie qui la défendait, et dispersent la cavalerie. La victoire est décidée de tous côtés en faveur des Français, et Mons ouvre ses portes.

Pendant que l'honneur français était noblement soutenu dans les camps, Paris était en proie aux factions. Pour prix du nouveau service qu'il venait de rendre à son pays, le duc de Chartres lut dans les journaux un décret de la Convention, qui bannissait du territoire français tous les membres, sans exception, de la maison de Bourbon. Compris dans cette injuste proscription, le duc de Chartres accourt à Paris. Il veut déterminer son père à l'accompagner dans l'exil, pour éviter le spectacle des maux dont il prévoyait que la France allait devenir le théâtre. Le duc d'Orléans préféra faire rapporter le décret de bannissement en ce qui concernait sa famille. Il eût mieux servi sa gloire et sa propre sûreté en cédant aux conseils que l'honneur dictait à son fils.

Le duc de Chartres, de retour à l'armeé,

eut à réparer une imprudence du général Valence, qui pensa devenir fatale (18 mars 1793). C'était au village de Nerwinde, que les Autrichiens venaient de reprendre sur les nôtres. Le duc de Chartres le reprit à la baïonnette : il avait eu un cheval tué sous lui dans l'action. On apprit alors la déroute du corps commandé par le général français Miranda. Cet échec pouvait compromettre la victoire ; il venait déjà d'ébranler une partie de nos troupes. Louis-Philippe passa toute la nuit sur le champ de bataille à les rallier, et le lendemain elles rentrèrent à Tirlemont.

On sait qu'à cette époque un gouvernement soupçonneux, parce qu'il se sentait coupable, ne pardonnait aucune illustration en France, même dans les armées. Dumouriez et le duc de Chartres reçurent tout à coup un ordre du comité du salut public qui leur enjoignait de venir rendre compte de leur conduite. Ils comprirent qu'on en voulait à leur vie, et cherchèrent leur salut dans l'exil. Ils gagnèrent la frontière. Là, le duc de Chartres reçut de la part des ennemis de la France la proposition de reprendre dans leurs rangs le grade qu'il occupait dans sa patrie; mais il était Français dans le cœur, et ne voulut jamais servir contre son pays.

Dans un temps où les passions sont déchaînées, c'est une entreprise périlleuse que de ne vouloir prendre d'autre règle de conduite que sa conscience et sa raison. Le duc de Chartres venait d'en faire une cruelle expérience. Partisan des idées nouvelles, il avait désapprouvé la tyrannie, et combattu pour la liberté, mais il avait horreur des crimes que quelques monstres croyaient nécessaires au triomphe de la cause sainte : et ces monstres l'avaient proscrit. Attaché par des liens de famille à la maison de Bourbon, il eût voulu que, mieux inspirée dans ses résolutions, mieux éclairée sur ses devoirs, elle ne rendît pas par son obstination sa chute inévitable. Mais son âme se révoltait à la pensée d'aller chercher des auxiliaires en Autriche contre ses propres sujets, et de leur apporter la mort et la désolation en punition de la liberté. Et les Français qui servaient contre la France, le regardant comme un déserteur de leur cause, le proscrivirent à leur tour, non pas comme la Convention, en demandant sa tête, mais en lui faisant partout une guerre sourde sur son passage, en le rendant suspect de patriotisme dans tous les États de l'Europe, en le forçant à voyager obscur et ignoré de province en province, de mer en mer, n'ayant d'autre consolation que sa conscience, le souvenir de quelques amis fidèles, et l'estime future du monde entier.

C'est ainsi qu'il traversa la Flandre, la Belgique et la Suisse, honorant partout son malheur par son courage à le supporter. Les dernières ressources lui manquèrent dans ce pays. Combien il dut être fier de trouver en lui-même ces ressources que les autres allaient de cour en cour implorer de la charité d'autrui! Il gagna par son travail le pain de l'exil, il ne le mendia pas. Obligé de cacher son titre sous un nom supposé, il se fit admettre en qualité de professeur au collége de Reichenau. Il avait alors vingt-deux ans. Il en remplit avec honneur les fonctions pendant près d'une année. Il y enseignait les mathématiques, la géographie, l'histoire, les langues française et anglaise. C'est là qu'il reçut la fatale nouvelle de la mort de son père, envoyé à l'échafaud par le tribunal révolutionnaire, le 6 novembre 1793.

Le duc de Chartres, à qui nous donnerons désormais son nouveau titre de duc d'Orléans, quitta bientôt la Suisse, parcourut le Danemarck, la Suède et la Norwége, s'instruisant par l'examen des curiosités et des monuments historiques qu'il trouvait sur son passage. Il poussa ce voyage jusqu'au pays des Lapons, pour lesquels l'arrivée d'un Français était un objet d'admiration et de surprise. Il traversa la Finlande, mais ne pénétra pas en Russie, où il eût trouvé une reine trop ennemie de la révolution française et de tous ceux qui lui avaient prêté leur appui. Il revint à Stockholm, où il ne put rester ignoré. Ayant été reconnu par un membre du corps diplomatique, il fut bientôt forcé de reprendre son nom et de répondre ouvertement à l'accueil plein d'égards que lui fit la cour de Suède. Il en profita pour voyager en Dalécarlie, et pour voir en détail le superbe arsenal de Carlscrona. Il reçut encore dans ce pays une nouvelle proposition des princes français émigrés pour se rendre à l'armée de Condé, mais il refusa constamment de porter les armes contre la France.

De son côté, le directoire, inquiet de la présence du jeune prince en Europe, lui offrit la liberté de ses frères, détenus en France, s'il voulait passer en Amérique. Il n'hésita pas et s'embarqua à Hambourg pour les États-Unis. Arrivé à Philadelphie, il y attendit ses frères, dont la traversée ne fut pas aussi heureuse que la sienne. Il ne purent presser le duc d'Orléans dans leurs bras que vers le mois de février suivant. Enfin, ils étaient réunis. Ils en profitèrent pour voyager ensemble dans l'intérieur du pays. Ils allaient

BIBLIOTHÈQUE ROYALE

étudiant sur leur chemin les institutions de cette jeune république, observant cette nature encore vierge du sol, ces forêts antiques, ces peuplades sauvages voisines des établissements européens. Cette course aventureuse avait bien aussi ses désagréments, dont on peut juger par ce passage d'une lettre que le duc de Montpensier écrivit à sa sœur.

« Je vous dirai, chère sœur, que nous « avons passé quatorze nuits dans les bois, « dévorés par toutes sortes d'insectes, souvent « trempés jusqu'aux os, n'ayant pour toute « nourriture que du lard, quelquefois un peu « de bœuf salé et du pain de maïs. »

Une aventure assez singulière mit le prince en grand honneur dans la tribu sauvage des Cherokes. Fatigué de la route, le duc d'Orléans se saigna, à la grande admiration de ses hôtes ; puis il arrêta son sang, et referma la plaie, et montra qu'il avait ainsi calmé ses souffrances. Un vieillard était malade dans cette tribu. On lui fit signe de le saigner aussi. L'opération fut faite avec succès, et ce qu'il y eut d'heureux, c'est que les suites en furent salutaires : le vieil Indien se trouva mieux. Pour le récompenser, les sauvages, dans leur admiration, le firent coucher sur la natte de leur cabane, entre la grand' mère et la grand' tante. Honneur insigne en ce pays ! La bienheureuse lancette qui a valu cette bonne fortune au duc d'Orléans est maintenant déposée au musée de l'École de médecine de Paris. On a vu l'année dernière Louis-Philippe rendre avec le même bonheur le même office au courrier Verner, grièvement blessé d'une chute de cheval.

Ayant appris que leur mère était déportée, et qu'elle se trouvait alors en Espagne, ils formèrent la résolution de s'y rendre de la Havane; mais les mêmes contrariétés qui avaient accompagné les voyages du duc d'Orléans en Europe se renouvelèrent en cette occasion; ils ne purent obtenir d'autorisation pour passer en Espagne. On finit seulement par leur accorder de se rendre en Angleterre.

C'est là que Louis-Philippe retrouva les

princes et les nobles français dont toutes les tentatives contre leur patrie avaient échoué sans espoir. Le malheur les rapprocha, mais toutes les instances nouvelles qu'on fit auprès de lui pour l'attacher à l'armée de Condé demeurèrent également sans succès. Avant de se fixer en Angleterre, il put enfin accomplir son voyage en Espagne, où il eut avec sa mère une entrevue. Il en profita pour l'engager à rappeler près d'elle sa jeune sœur, depuis longtemps exilée de France comme lui, et élevée en Hongrie près d'une tante, la princesse de Conti.

De retour en Angleterre, il choisit une retraite à Twickenham, sur les bord de la Tamise. Il n'y put pas jouir d'un long repos. La mauvaise santé de ses deux frères lui donnait depuis longtemps de graves inquiétudes. Le duc de Montpensier fut le premier à réaliser ses funestes pressentiments. Le comte de Beaujolais ne lui survécut pas longtemps. En vain, pour satisfaire aux avis de quelques médecins, le duc d'Orléans emmena-t-il son frère dans l'île de Malte; il eut la douleur de l'y voir expirer aussi dans ses bras.

Vers la fin de la vie de ce jeune prince, on avait conseillé au duc d'Orléans de le faire transporter sur les hauteurs de l'Etna, dont le climat devait lui être plus salubre. Il s'était empressé d'en demander l'autorisation au roi de Sicile Ferdinand IV; mais, quand la réponse lui parvint, son frère n'était plus. Néanmoins, l'invitation que le roi lui faisait de se rendre à sa cour était conçue en termes si flatteurs qu'il y céda volontiers, et n'eut pas lieu de s'en repentir. Il y reçut un accueil des plus favorables, et fut même chargé de diriger le jeune prince Léopold, qu'il accompagna en Espagne. Là il retrouva encore les anciennes préventions de l'émigration qui s'opposèrent à son débarquement; il en fut consolé pourtant par la vue de sa sœur, dont il était séparé depuis seize ans. Revenu à la cour de Ferdinand, il dissipa facilement les calomnies dont on l'avait noirci en son absence dans l'esprit de la famille, et ne tarda pas à obtenir la main de la princesse Amélie. Sa mère et sa sœur vinrent assister à cette union.

Le 23 avril 1814, on apprit en Sicile la déchéance de Bonaparte et le rétablissement des Bourbons sur le trône de France. Emporté par le désir le plus ardent de revoir son pays, le duc d'Orléans s'embarque, il arrive à Paris, il va visiter le Palais-Royal, l'antique demeure de ses pères, le berceau de son enfance; il y tombe à genoux sur la pierre, les yeux en larmes, devant le suisse du palais, qui ne pouvait attribuer qu'à la folie dans un inconnu cet attendrissement merveilleux.

Le lendemain il se présenta aux Tuileries en costume sicilien; il n'avait pas encore eu le temps d'en prendre un autre. « Il y a « vingt-cinq ans vous étiez général, lui dit « Louis XVIII, vous l'êtes encore. — Sire, « répondit le duc d'Orléans, c'est dans cet « uniforme que je me présenterai désormais

« devant vous. » Bientôt la duchesse d'Orléans, quoique enceinte du second de ses fils, se hâta de venir rejoindre son époux.

Ils ne purent goûter longtemps le bonheur d'être réunis; Napoléon revint. Louis XVIII, à son départ de Paris, disait au duc d'Orléans, en lui montrant sur sa poitrine la plaque de la légion d'honneur qu'il s'était avisé de prendre pour la première fois ce jour-là: « Voyez-vous cela? — Mieux vaut tard que « jamais, lui dit le prince; mais j'aurais mieux « aimé vous la voir plus tôt. * »

Pendant les cent jours, le duc d'Orléans alla rejoindre en Angleterre sa famille, qu'il y avait envoyée devant lui. Après la funeste bataille de Waterloo, les Bourbons étant rentrés en France, le duc d'Orléans profita de l'autorisation conférée aux princes de

* Les mêmes sentiments de loyauté française se retrouvent dans la lettre que le duc d'Orléans écrivit alors au maréchal Mortier, et où il lui recommandait en remettant la ville de Lille entre ses mains, de préserver avant tout de celles de l'étranger ce boulevart de la France.

prendre part aux délibérations de la chambre des pairs, et saisit l'occasion d'y déployer des sentiments de patriotisme qui éveillèrent l'inquiétude du roi. Louis XVIII révoqua alors cette autorisation, et le duc d'Orléans, devenu suspect, retourna quelque temps en Angleterre. C'est là qu'il apprit le procès intenté au maréchal Ney. En vain intercéda-t-il auprès du régent d'Angleterre en faveur de l'illustre général. Toutes ses instances échouèrent contre le ressentiment de la cour de France ; il n'eut que la consolation d'avoir voulu du moins sauver à la France cette nouvelle calamité.

De retour à Paris en 1817, le duc d'Orléans, fidèle aux principes de sa vie antérieure, ne voulut pas les sacrifier aux vues politiques de la restauration, et se livra tout entier aux douceurs de la vie de famille, occupé des arts qu'il encouragea de sa protection, et tous les jours plus populaire par la simplicité de ses goûts. Il envoya ses enfants au collége pour y devenir de bonne heure les camarades de leurs concitoyens[1]. Il répara envers quelques savants les torts d'un gouvernement inique. Casimir Delavigne, destitué par Louis XVIII, trouva un appui dans la justice de Louis-Philippe. Le Palais-Royal était devenu comme le rendez-vous de toutes les illustrations de France, des talents les plus renommés dans les arts, des orateurs les plus éloquents de la chambre des députés. Et quand le roi de Naples, à son passage, reçut à Paris ces fêtes dont on a conservé la mémoire, il dut croire que la cour n'était pas aux Tuileries, mais dans le palais de son beau-frère. Il n'était pas difficile de pressentir dès lors que la France l'avait adopté déjà pour son roi. Dès l'année 1827, Stanislas Girardin, l'ami particulier du prince, lui avait dit à son lit de mort, en lui prenant la main :

[1] Le roi des Français est resté fidèle à la conduite du duc d'Orléans, et les deux plus jeunes de ses fils suivent encore aujourd'hui, tous deux avec succès, les cours du collége Henri IV, à Paris.

« J'ai du moins le bonheur d'emporter au « tombeau la pensée que vous serez roi. »

Tout le monde sait aujourd'hui par quelle série d'événements Louis-Philippe a accompli la prédiction qui lui fut faite. Depuis ce temps, sa vie, toute publique, se lie à l'histoire de notre glorieuse révolution.

VIE

DE

LOUIS-PHILIPPE IER,

ROI DES FRANÇAIS.

DEUXIÈME PARTIE.

DEPUIS SON AVÉNEMENT AU TRÔNE JUSQU'AU 20 JUIN 1834.

Ce que promettait la vie privée de Louis-Philippe, on a pu voir si sa vie publique l'a tenu, depuis quatre ans que le vœu national l'a placé sur le trône. La simplicité de ses mœurs n'a point changé; c'est un hommage que ses ennemis même lui rendent en se raillant de ses habitudes bourgeoises. Tous ceux qui ont vu Paris, savent si le faste de la royauté l'environne dans ses promenades, si aux Tuileries il est moins accessible qu'il l'était au Palais-Royal, si sa vie n'est pas toujours chez lui la simple vie de famille. Ils savent aussi quel usage il fait des trésors que la munificence nationale a mis entre ses mains; comment des milliers d'infortunes de tout genre sont secourues par sa main généreuse; comment les arts et l'industrie sont encouragés par les beaux travaux qu'il a ordonnés au Louvre et aux Tuileries, aussi bien qu'à Versailles et à Fontainebleau. Ici encore ses ennemis ne l'ont pas trop mal servi en le surnommant le *Roi des maçons*. Ce n'est pas là un titre si impopulaire au temps où nous sommes; et s'il est vrai que le goût et l'exemple du Roi aient été pour quelque chose dans les grands ouvrages d'utilité publique qui s'entreprennent ou s'achèvent sur tous les points du royaume, la France ne se plaindra pas d'être gouvernée par le *Roi des maçons*.

La restauration avait laissé inachevés tous les monuments commencés à Paris par le génie de Napoléon, et voilà que sous nos yeux ils touchent tous à leur terme. Comme prélude à tout le reste, la statue du grand homme a été replacée sur la colonne : son colossal arc de triomphe, destiné à consacrer le souvenir de tant de victoires, n'attend plus que les décorations de la sculpture : le temple du Panthéon, qui doit accueillir dans son enceinte nos gloires contemporaines, va leur être ouvert tout à l'heure : nos musées se réparent et s'agrandissent : enfin cet air de ruine que gardait en quelques endroits la capitale au milieu de ses splendeurs aura bientôt disparu, et Paris sera la superbe cité que l'Empereur rêvait, il y a vingt-cinq ans. Et ce qui se fait à Paris n'est que la moindre partie de ce que le règne de Louis-Philippe aura vu s'accomplir d'un bout à l'autre de la France. Encore trois ans, et nos nombreux canaux, si attendus du commerce et de l'agriculture, seront achevés ; nos anciennes routes seront réparées, perfectionnées, prolongées, et de nouvelles s'ouvriront à travers les épaisses broussailles des départements de la chouannerie ; sans parler de ces ponts jetés partout sur les fleuves, de ces chemins de fer aujourd'hui en étude et qui avant peu seront en exécution, de mille autres travaux enfin destinés à vivifier notre industrie, à la rendre rivale de celle de l'Angleterre.

Au moment où nous écrivons, cette industrie étale dans Paris ses merveilles rassemblées des divers points du royaume. Parmi toutes les solennités de son règne, il n'y en a point qui ait été plus chère que celle-là au cœur de Louis-Philippe, parce qu'il n'y en a pas qui ait aussi hautement témoigné en faveur de la prospérité de la France. Les fabricants ont entendu et sans doute ont rapporté déjà chacun dans leurs ateliers les vives et intelligentes félicitations que le roi leur a adressées ; ils ont répété à tous leurs ouvriers avec quel intérêt il a apprécié les travaux de leurs mains, et joui du progrès si marqué de leur habileté, garantie la plus sûre du progrès de leur bien-être. Elles étaient bien françaises les paroles que prononçait Louis-Philippe en visitant cette admirable exposition ; c'étaient celles d'un roi heureux et fier, du génie de la nation qui l'a appelé à l'honneur régner sur elle.

Une de celles que sa bouche aimait le mieux à redire, c'est que toutes ces belles choses étaient un des bienfaits inappréciables de la paix. Paix bien orageuse encore, comme elle devait l'être au lendemain d'une révolution, paix troublée au dedans et menacée au dehors! Que sera-ce donc à l'avenir, lorsque le bon sens national promet de ramener les Français à l'union, et que l'Europe ne songe plus à attaquer notre indépendance?

Louis-Philippe, qui l'avait défendue en 1792, n'était pas homme à la laisser périr en 1830. Mais il a senti que la France, redevenue libre, n'avait pas besoin pour reprendre son rang parmi les nations de jeter une seconde fois tous ses hommes et tous ses trésors sur les champs de bataille; qu'elle pouvait ici fonder un gouvernement national à la place d'une domination étrangère; là, arrêter les armes d'une puissance envahissante; ailleurs, remplacer l'absolutisme par les institutions de la monarchie constitutionnelle, et tout cela sans tirer l'épée, par l'influence toute pacifique d'une politique ferme et habile.

La Belgique s'était affranchie de la Hollande; grand émoi parmi les puissances du Nord. La Prusse, plus voisine que les autres, poussait déjà ses bataillons en avant : on lui signifie que si un seul de ses soldats touche le territoire belge, une armée française y entre en même temps. — Et les Prussiens s'arrêtent. L'année suivante, le prince d'Orange, au mépris des traités, se jette sur la Belgique, et déjà il touchait aux portes de Bruxelles. A l'instant deux ou trois régiments français, avec le jeune duc d'Orléans à leur tête, accourent. — Et les Hollandais s'arrêtent. Ainsi deux fois de suite le grand nom de la France a suffi pour couvrir un pays ami, sans qu'elle ait eu besoin de brûler une amorce; et lorsqu'ensuite l'obstination de Guillaume de Hollande a réclamé un autre châtiment, lorsqu'il a fallu lui ravir par force la citadelle d'Anvers, l'Europe s'est tue : elle a laissé, quoiqu'en frémisant, la France frapper un grand coup, et essayer ses jeunes soldats à la victoire. Grâce à cette victoire, la Belgique est libre, et soixante lieues de nos frontières sont à couvert contre la sainte alliance.

L'Autriche avait envoyé ses soldats contre les états du pape et menaçait de les occuper, pour préserver ses possessions italiennes du voisinage d'une révolution. Aussitôt quelques bâtiments de guerre partent de Toulon, et le cabinet de Vienne apprend avec stupeur qu'il y a garnison française à Ancône. Ici encore pas un coup de fusil tiré, et les sujets pontificaux sont protégés contre la fureur des réactions; des améliorations sociales leur sont assurées; l'Autriche est arrêtée dans l'essor de son ambition.

Au mois d'octobre 1833, Ferdinand VII meurt. La succession est indécise et le vœu des Espagnols partagé entre la fille au berceau du défunt monarque et son frère don Carlos. Le parti de la jeune reine est le parti constitutionnel. Don Carlos a pour lui les vœux des absolutistes. Les sympathies de Louis-Philippe ne sont pas un instant douteuses, et le soir même du jour où cette nouvelle est arrivée à Paris, un courrier français est allé porter à Madrid la reconnaissance d'Isabelle II, avec la promesse d'appuyer son trône contre ses ennemis. À l'ombre de la protection française, un esprit sagement libéral se développe dans le gouvernement espagnol ; les Cortès sont convoquées; enfin, pour achever l'œuvre, un traité est conclu entre la France, l'Angleterre, l'Espagne et le Portugal, traité dont l'effet immédiat a été de ruiner la cause des deux prétendants, de purger la Péninsule de leur présence et du joug de l'absolutisme.

C'est un spectacle bien grand et bien nouveau dans l'histoire que de telles choses accomplies sans la guerre, qu'un pays, comme la France, replacé au premier rang des nations par des influences toutes pacifiques ; et cette gloire de notre époque, Louis-Philippe, peut à bon droit en réclamer sa part. Honneur aux rois qui comprennent l'esprit de leur temps, et qui savent s'y conformer! C'est là le bon sens appliqué aux affaires humaines, le vrai génie de la politique. L'Europe ne s'y est pas trompée, et, bien malgré elle, elle rend tout haut cet hommage à l'habileté du monarque que la France s'est donné. Que Louis-Philippe persévère dans les mêmes voies, que sa sagesse travaille à maintenir au pays les bienfaits de la liberté et de la paix, en même temps que son patriotisme continuera de veiller sur le dépôt sacré de l'honneur national, et il pourra, appuyé sur les suffrages de l'immense majorité de ses concitoyens, attendre avec une tranquille assurance le jugement de la postérité.

FIN.

FAMILLE ROYALE.

LOUIS-PHILIPPE Ier, né à Paris, le 6 octobre 1773, ROI DES FRANÇAIS le 9 août 1830 ; marié le 25 novembre 1809, à

MARIE-AMÉLIE, REINE DES FRANÇAIS, fille de feu Ferdinand Ier, roi des Deux-Siciles, née le 26 avril 1782.

De ce mariage :

FERDINAND-PHILIPPE-LOUIS-CHARLES-HENRI-JOSEPH D'ORLÉANS, DUC D'ORLÉANS, PRINCE ROYAL, né à Palerme, le 3 septembre 1810.

LOUIS-CHARLES-PHILIPPE-RAPHAEL D'ORLÉANS, DUC DE NEMOURS, né à Paris, le 25 octobre 1814.

FRANÇOIS-FERDINAND-PHILIPPE-LOUIS-MARIE D'ORLÉANS, PRINCE DE JOINVILLE, né à Neuilly-sur-Seine, le 14 août 1818.

HENRI-EUGÈNE-PHILIPPE-LOUIS D'ORLÉANS, DUC D'AUMALE, né à Paris, le 16 janvier 1822.

ANTOINE-MARIE-PHILIPPE-LOUIS D'ORLÉANS, DUC DE MONTPENSIER, né à Neuilly-sur-Seine, le 31 juillet 1824.

LOUISE-MARIE-THÉRÈSE-CHARLOTTE-ISABELLE D'ORLÉANS, princesse d'Orléans, né à Palerme, le 3 avril 1812, REINE DES BELGES, par son mariage avec Léopold Ier, le 9 août 1832.

MARIE-CHRISTINE-CAROLINE-ADÉLAÏDE-FRANÇOISE-LÉOPOLDINE D'ORLÉANS, princesse d'Orléans, né à Palerme, le 12 avril 1813.

MARIE-CLÉMENTINE-CAROLINE-LÉOPOLDINE-CLOTILDE D'ORLÉANS, princesse d'Orléans, née à Neuilly-sur-Seine, le 3 juin 1817.

SOEUR DU ROI.

EUGÈNIE-ADÉLAÏDE-LOUISE, princesse d'Orléans, née le 23 août 1777.

BIBLIOTHEQUE ROYALE

---

www.ingramcontent.com/pod-product-compliance
Lightning Source LLC
Chambersburg PA
CBHW061741060726
47597CB00007B/2699
9782013243759